Sheltie à la rescousse

BIOGRAPHIE

Peter Clover est né et a grandi à Londres. Il a commencé sa carrière comme illustrateur avant de mettre des mots autour de ses illustrations. Il adore peindre, voyager, cuisiner et se maintenir en forme. Il habite sur la côte Sud de l'Angleterre, à Somerset.

ILLUSTRATIONS INTÉRIEURES
PETER CLOVER

1

– Tu n'as aucune raison de bouder, Emma, dit Mme Matthews. Nous allons partir en vacances.

La famille était assise autour de la table de la cuisine et consultait des prospectus touristiques.

La mère d'Emma regardait les photos de ravissantes maisons au bord de la mer. Pendant ce temps, son père étudiait une carte routière étalée sur la table. Jim, le petit frère d'Emma, tentait d'attraper les pages du catalogue que tenait sa mère. Emma, les bras croisés, ronchonnait dans son coin.

– On part pendant deux semaines, se plaignit-elle. Ce ne seront pas des vacances si Sheltie ne peut pas venir ! Et qui va s'occuper de lui en notre absence ?

Son père abandonna la carte qu'il consultait et leva un sourcil.

– Nous en avons parlé hier, Emma, dit-il. Mme Linney passera tous les jours nourrir Sheltie. Elle sait très bien comment s'y prendre. Tu n'as aucun souci à te faire.

– Ça ne sera pas pareil. Sheltie est mon poney. Il croira que je l'ai abandonné. Il sera triste, et moi aussi.

– Quinze jours, ce n'est pas si long, intervint sa mère, légèrement agacée. Et nous serons au bord de la mer, Emma, pense à cela.

– Non, je ne veux pas y penser ! répliqua Emma. Et je ne veux pas y aller. Si Sheltie ne vient pas, je préfère rester à La Pommeraie.
Son père la regarda pendant un long moment. Il ne fit aucun commentaire, mais Emma comprit qu'il réfléchissait. Sa mère, elle, l'ignora et poursuivit la lecture de sa brochure.
– Regardez celle-là, dit-elle. Une superbe fermette sur une falaise surplombant la mer.
Emma jeta un vague coup d'œil sur la photographie. Elle ne cessait de penser au pauvre Sheltie abandonné, tout seul pendant quinze jours, sans personne avec qui jouer.

Le lendemain matin, Emma se rendit au paddock pour donner à Sheltie son petit déjeuner. Elle versa une mesure de mélange dans sa mangeoire et ajouta une petite poignée, pour faire bon poids.

Sheltie plongea aussitôt la tête dans le bac et engloutit sa nourriture comme un aspirateur. Emma s'amusait toujours de le voir si vorace.
Quand il eut terminé, Emma alla chercher le tuyau d'arrosage à l'extérieur pour remplir l'abreuvoir.
Sheltie aimait bien jouer avec l'eau, et il essayait à chaque fois de boire directement au tuyau. Emma dirigea l'embout vers lui et l'aspergea. Sheltie s'ébroua et se mit à caracoler gaiement autour du paddock.

En se retournant, Emma vit que ses parents l'observaient depuis les barrières en souriant. Jim était assis sur la plus haute planche de la barrière. Il se tortillait dans tous les sens, solidement tenu par sa mère. Emma reposa le tuyau d'arrosage et alla les rejoindre. C'était l'heure du petit déjeuner. Toute la famille prit place autour de la table de la cuisine.

– Tu te souviens de la fermette que nous avons regardée hier ? demanda Mme Matthews à sa fille. Celle qui surplombait la mer ?

Emma hocha la tête et regarda son bol. Elle ne voulait pas penser à ces vacances loin de Sheltie.

– Elle possède un paddock dans le jardin, comme chez nous, poursuivit son père.

– Oui, mais Sheltie ne pourra pas venir, lança Emma d'un air boudeur.

Ses parents échangèrent un regard complice.

– Eh bien, j'ai téléphoné à Mme Linney ce matin, dit M. Matthews. Un de ses amis possède un van pour les chevaux, et il accepte de nous le prêter. Comme ça, Sheltie pourra venir, lui aussi.

Un grand sourire éclaira le visage d'Emma. Elle applaudit joyeusement.

– C'est vrai, Papa ? s'exclama-t-elle. Youpi ! Ce seront de vraies vacances pour tout le monde !

2

La veille du départ, M. Matthews alla chercher la remorque. Elle ressemblait à une petite caravane munie d'une porte à l'arrière et d'une étroite fenêtre à l'avant. De cette manière, Sheltie pourrait regarder où il allait. Le van avait la taille idéale pour transporter un poney.

– On dirait une petite maison, commenta Emma en regardant à l'intérieur.

Elle courut vers le paddock pour annoncer la bonne nouvelle à Sheltie. Quand il sut qu'il partait lui aussi, le poney se mit à folâtrer autour de son enclos en agitant sa longue crinière. Il était manifestement aussi content qu'Emma.

Dans l'après-midi, Emma aida ses parents à remplir les valises avec toutes les affaires nécessaires à un séjour de deux semaines au bord de la mer.

Puis, elle prêta main-forte à son père, qui chargeait les sacs de mélange « spécial poney » et quelques balles de foin dans la remorque. Elle accrocha ensuite le harnachement de Sheltie aux patères de la porte et dispersa un peu de paille sur le sol.

Tout était prêt pour le grand départ.

Le lendemain matin, M. Matthews empila les valises sur la galerie de la voiture. Emma brida Sheltie et lui fit gravir la rampe pour entrer dans la remorque. Sheltie souffla bruyamment et regarda aussitôt par la petite fenêtre.

Derrière sa longue crinière, ses yeux malicieux brillaient d'excitation.
Sheltie n'était encore jamais parti en vacances. Emma avait hâte de galoper avec lui sur la plage et de barboter dans les vagues.
À dix heures, la voiture s'ébranla, prenant la direction de la baie du Grand Soleil. La remorque de Sheltie roulait doucement derrière. Emma était assise à côté du petit Jim, sanglé dans son siège pour bébé.
De temps à autre, la fillette se retournait

pour s'assurer que la remorque était toujours là. Par la fenêtre entrouverte, elle pouvait apercevoir le museau de Sheltie. Elle savait que le poney appréciait chaque minute du voyage.

Après deux heures de route, ils arrivèrent sur leur lieu de vacances.

La fermette de la Falaise était beaucoup plus petite que leur maison à La Pommeraie. Les murs avaient été blanchis à la chaux. La façade était percée de quatre fenêtres et d'une porte peinte en rouge vif. La maison possédait deux chambres et une

salle de bains à l'étage. Le paddock de Sheltie se trouvait derrière.
La fermette était perchée au sommet de la falaise et entourée de champs de bruyère. Un petit sentier serpentant à flanc de coteau permettait d'atteindre la baie en contrebas. Le panorama était superbe. C'était l'endroit idéal pour des vacances.

3

Avant même de décharger la voiture, M. Matthews aida Emma à installer Sheltie dans son paddock.

Les naseaux du poney frémirent quand il huma l'air marin. Il n'était jamais allé au bord de la mer. Tout revigoré, il se mit à folâtrer autour de son nouveau paddock. Il semblait très heureux de se trouver là, et Emma était ravie elle aussi.

M. Matthews porta les affaires dans la

maison, et Emma aida sa mère à défaire les valises.
Pendant ce temps, M. Matthews prépara quelques sandwiches et du thé. La famille alla déjeuner dehors, sur la table du jardin. Tout en mangeant, Emma contemplait le panorama s'ouvrant sur la mer aux reflets argentés.
Sheltie, quant à lui, était très occupé à faire la connaissance des trois canards qui partageaient son espace. Il les avait rassemblés dans un angle du paddock et les regardait avec curiosité, étonné par leurs coin-coin nasillards.
Après le déjeuner, la famille partit en randonnée sur le sentier qui menait à la grève. M. Matthews installa le petit Jim sur ses épaules, et tout le monde suivit le chemin qui serpentait le long de la paroi. À un endroit, le sentier croisait un escalier de bois qui descendait directement à la plage. Emma compta à haute voix les

vingt-huit marches qui le composaient.

À peine arrivée en bas, Emma ôta ses chaussures et se précipita vers la mer pour barboter.

Un couple et une petite fille étaient assis sur le sable, un peu plus loin. La fillette devait être du même âge qu'Emma et avait de longs cheveux noirs et bouclés.

Quand elle aperçut Emma, elle se leva et marcha dans sa direction.

Emma se renfrogna. C'était Alice Parker. Elles fréquentaient la même école, mais

Emma ne l'appréciait pas beaucoup : elle la trouvait prétentieuse. En plus, Alice se moquait toujours de Sheltie. Elle possédait un poney, elle aussi. Mais ce n'était pas un shetland, comme Sheltie. C'était un grand poney à la robe luisante.

Alice disait que Sheltie était un petit gros court sur pattes, et qu'Emma avait l'air ridicule quand elle le chevauchait.

Les deux filles se retrouvèrent au bord des vagues.

– Salut, Alice, lança Emma en s'efforçant de paraître enjouée.

Alice la toisa, le nez en l'air.

– Tu es en vacances, toi aussi ? demanda Emma.

Alice ne répondit pas. Elle se retourna en haussant les épaules et s'éloigna.

Emma alla retrouver ses parents :

– Devinez qui est là !

– Quelqu'un que tu connais ? demanda son père.

– Oui : Alice Parker. Elle est dans mon école. Elle est horrible.

La maman d'Emma regarda Alice, qui ramassait des coquillages sur le sable.

– Elle me paraît gentille, pourtant ! dit-elle. Pourquoi ne lui laisses-tu pas une chance ? Si elle est en vacances dans le coin, vous pourriez jouer ensemble.

– Non, pas avec Alice Parker, grimaça Emma. Je préfère jouer avec Jim et Sheltie. Alice n'arrête pas de se moquer de Sheltie. Je ne l'aime pas.

– Tu changeras peut-être d'avis d'ici un jour ou deux, dit M. Matthews sur un ton conciliant.

– Ça m'étonnerait, répondit Emma, le visage fermé.

Elle n'aimait pas Alice Parker. Et elle n'allait pas l'apprécier simplement parce qu'elles se trouvaient en vacances au même endroit. Il n'en était pas question.

4

Le jour suivant, Emma décida d'emmener Sheltie à la plage. Malgré sa petite taille, Sheltie était un poney robuste qui tenait bien sur ses jambes. Il pouvait sans difficulté emprunter le sentier de la falaise. En revanche, l'escalier était trop abrupt pour lui. Alors, toute la famille fit un détour jusqu'à la grève.

M. Matthews marchait devant, Jim sur ses épaules. La maman d'Emma suivait avec le panier du pique-nique et les serviettes de bain. Emma fermait la marche, tenant Sheltie par les rênes. Le poney trottinait gaiement. Au-dessus de leurs têtes, le cri des mouettes résonnait dans le ciel bleu. C'était une magnifique journée d'été.

Dès qu'ils furent sur la plage, Emma monta en selle.

– Allez, Sheltie, le pressa-t-elle en le talonnant légèrement.

Sheltie partit aussitôt au trot, laissant derrière lui un chapelet de petites empreintes sur le sable doré.

Quand ils eurent atteint le bord des vagues, Sheltie s'arrêta. Il resta un instant à contempler les eaux scintillantes. Un crabe fila entre ses jambes. Sheltie souffla et recula dans les vaguelettes qui venaient mourir sur la grève.

Pendant ce temps, Mme Matthews avait étalé les serviettes sur le sable. Jim jouait avec sa pelle et son seau. Le père d'Emma observait sa fille, qui longeait la mer.

– Ne t'éloigne pas trop, Emma, cria-t-il.

Emma se retourna vers son père et lui décocha un grand sourire :

– D'accord, papa !

Elle guida Sheltie vers le fond de la plage, à l'endroit où la falaise plongeait dans la mer.

Au pied de la paroi, il y avait de petites mares entre les rochers. Emma sauta à terre pour les regarder de plus près. Sheltie se pencha sur l'une d'elles et,

apercevant son reflet, il plongea le museau dans l'eau. Il en retira une longue algue verte.

Emma empoigna l'extrémité de l'algue gluante et tira. Sheltie refusa de lâcher prise, et l'algue céda. Emma tomba alors lourdement dans le sable.

Sheltie se mit à tourner sur place en agitant fièrement sa trouvaille. Il était trop drôle ! On aurait dit qu'il avait une longue barbe verte.

Emma se releva en riant et secoua le sable de son jean. Levant les yeux, elle remarqua un autre poney et son cavalier qui longeaient les flots.

– Oh non ! grogna Emma avec une grimace en reconnaissant Alice Parker.

Sa meilleure ennemie chevauchait un superbe poney blanc, beaucoup plus grand que Sheltie.

À cet instant, Alice aperçut Emma et trotta vers elle. Elle arrêta sa monture à quelques pas d'Emma et la toisa avec un sourire narquois :

– Bonjour, Emma ! Je vois que tu as emmené Bouly en vacances avec toi.

– Il s'appelle Sheltie, rectifia Emma, agacée. S-H-E-L-T-I-E, épela-t-elle !

Que cette fille était bête ! Non, Emma ne pourrait jamais devenir son amie !

– Je te présente Vif-Argent, dit Alice. Nous logeons au domaine du Belvédère. C'est un centre équestre avec plein de poneys. Je veux dire, de vrais poneys. Je suis sûre que tu adorerais monter un vrai poney, Emma.

– J'aime bien monter Sheltie, répliqua celle-ci. Et c'est un vrai poney. C'est un shetland.
Sheltie s'avança vers Vif-Argent et leva la tête vers le grand poney pour le saluer.
– Je te propose de faire la course, dit Alice avec un sourire hautain. Vif-Argent contre Bouly.
– Ça ne m'intéresse pas, répondit Emma en haussant les épaules.
Elle remonta en selle.
– C'est parce que tu as peur de perdre,

railla Alice. Je suis sûre que Bouly ne peut même pas courir. Ses jambes sont trop courtes !
– Si, il peut ! lança Emma, piquée au vif. Sheltie galope très vite !
– Prouve-le ! Alice ricana : la dernière arrivée à l'autre bout de la plage est une nulle !
Sur ces mots, Alice talonna Vif-Argent et le lança au galop. Emma n'avait aucune envie de faire la course ; mais ce n'était pas le cas de Sheltie ! Emma n'eut pas besoin de le talonner : il était déjà parti comme une flèche.
Sheltie galopait derrière Vif-Argent, aussi vite que ses petites jambes le lui permettaient. Couchée sur son encolure, Emma s'agrippait aux rênes tandis que Sheltie fonçait sur la plage à la poursuite de son adversaire. Bien sûr, il ne fut pas assez rapide, et Vif-Argent remporta la course aisément.

– Je te l'avais bien dit ! triompha Alice Parker. Bouly ne sait pas courir.

Emma ne répondit pas. Elle était furieuse. C'était trop injuste ! Sheltie avait simplement de petites jambes. Elle lui fit faire demi-tour et repartit vers ses parents.

En chemin, elle se pencha et flatta l'encolure de Sheltie.

– Ne t'inquiète pas, mon grand. Tu vaux bien mieux que Vif-Argent !

5

Le lendemain matin, Emma ne voulut pas retourner à la plage. Elle n'avait aucune envie de croiser à nouveau cette chipie d'Alice Parker.

Elle demanda à sa mère l'autorisation d'aller se promener avec Sheltie dans la campagne environnante. Un chemin de randonnée passait devant leur maison de vacances et s'enfonçait dans la lande.

Mme Matthews donna son accord, en recommandant à la fillette de ne pas longer le bord de la falaise et de ne pas aller trop loin. Emma lui en fit la promesse et partit à l'aventure avec Sheltie.

Tout était si calme ! Le sentier caillouteux serpentait au milieu des champs, où des moutons paissaient tranquillement. Et, surtout, il n'y avait pas Alice Parker à l'horizon !

Emma cheminait depuis dix minutes environ quand elle repéra un objet brillant sur le bas-côté du sentier.

« Qu'est-ce que ça peut bien être ? » se demanda-t-elle. Une barre métallique dépassait d'un buisson d'ajoncs. Poussée par la curiosité, Emma mit pied à terre et alla voir de plus près.

La barre se révéla être la poignée d'un caddie de supermarché.

Que faisait-il là, au milieu de nulle part ?

Sheltie rejoignit Emma pour observer à son tour l'étrange découverte. Trois

longues plumes blanches étaient fichées dans les grilles du caddie. Emma les prit une à une, et Sheltie chercha aussitôt à s'en emparer.

– Je me demande à quelle sorte d'oiseau elles appartiennent, confia Emma à son poney.

Sheltie pencha la tête de côté, écoutant attentivement. Les plumes étaient très longues.

– Ça doit être un gros oiseau, commenta Emma. Peut-être un goéland ?

Elle leva les yeux vers le ciel. Sheltie

l'imita. Aucun goéland en vue ! De plus, ces plumes semblaient trop longues pour être celles d'un goéland.

– Alors, une autruche ! dit Emma avec un petit rire.

Elle les rassembla de manière à former un éventail et remonta en selle.

Pendant qu'elle cheminait entre les champs de bruyère, Emma s'éventait avec les plumes. Elle s'imaginait qu'elle était une princesse perdue en plein milieu du désert. Elle agita son éventail et chatouilla les oreilles de Sheltie. Le poney fouetta l'air de sa queue et souffla. Visiblement, il n'appréciait pas trop cette blague.

Emma et Sheltie se promenèrent pendant une demi-heure. En rentrant à la maison, la petite fille remarqua que le caddie avait disparu.

Emma trouva cela étrange. Qui pouvait bien avoir laissé là ce caddie pour le

reprendre ensuite? Elle était très intriguée par ce mystère.
Ils poursuivirent lentement leur route vers la fermette, longeant le chemin qui contournait une petite colline.
À un endroit, le bord du sentier s'affaissait brusquement. Sheltie trébucha sur un nid-de-poule. Quand il voulut repartir, Emma constata qu'il boitillait.
– Oh, pauvre Sheltie! s'exclama-t-elle en mettant rapidement pied à terre. Tu as mal à la jambe?
Sheltie baissa la tête. Il gardait sa jambe repliée, n'osant plus reposer son sabot au sol. Très inquiète, Emma l'examina sans rien découvrir d'anormal.
– Mon Sheltie! lui dit-elle doucement. Est-ce que tu peux marcher? Courage! Nous ne sommes plus très loin de la maison.
Emma fit quelques pas en guidant Sheltie par la bride. Le poney boitait bas. Il

devait avoir très mal. Dès qu'il posait son sabot à terre, il relevait la jambe.

Emma quitta le sentier caillouteux pour mener le poney dans l'herbe du bas-côté. Elle espérait qu'il n'avait rien de grave.

« Nous gagnerons peut-être du temps en coupant à travers champs », pensa-t-elle.

Ils s'éloignèrent du sentier. Sheltie suivait de son mieux en clopinant.

Soudain, ils se trouvèrent au bord d'un vallon qui formait comme une gigantesque cuvette dans la lande. Au fond se nichait une vieille ferme délabrée.

« Les gens qui habitent là pourront sûrement nous venir en aide », pensa Emma.

6

Un sentier en pente douce menait à la ferme. Emma laissa Sheltie sur place et courut vers la maison.
Des pissenlits poussaient entre les dalles du seuil. On aurait pu croire que l'endroit était abandonné. Mais, près de l'entrée, Emma aperçut le caddie. Ses yeux s'agrandirent de surprise.
À cet instant, une vieille dame sortit de la ferme. Elle portait dans ses bras un chat tigré comme si c'était un bébé. Elle était

vêtue d'un imperméable râpé, serré à la taille par une ficelle. Son sourire était doux et bienveillant.

– Bonjour, dit-elle.

– Bonjour, répondit la fillette, un peu intimidée.

– Tu es venue voir les animaux ? demanda la vieille dame.

– Euh, eh bien, je suis en vacances à la ferme de la Falaise, balbutia Emma. Mon poney est à côté du chemin. Il s'appelle Sheltie. Il s'est fait mal à la jambe, et il boite.

Sheltie secoua sa crinière et poussa un hennissement plaintif. Il se tenait tête basse, la jambe repliée sous lui.

– Amène-le-moi, dit l'inconnue avec gentillesse. Je vais voir ce que je peux faire.

Emma conduisit Sheltie jusqu'à l'entrée de la ferme. La vieille dame déposa son chat à terre et palpa la jambe du poney.

Elle la souleva et examina attentivement le sabot.

– C’est juste un gravier coincé dans son sabot, dit-elle. Je vais arranger ça. Ton petit poney va bientôt gambader comme avant !

Elle retourna dans sa maison et revint bientôt avec un cure-pied. Sheltie se laissa faire tandis qu’elle ôtait doucement le caillou.

– Voilà qui est mieux, n’est-ce pas, Sheltie ?

Sheltie secoua la tête, l'air content. Il pouvait de nouveau poser sa jambe.

– Tu as là un bien joli poney, commenta la dame en flattant l'encolure de Sheltie.

La vieille dame se présenta : elle se prénommait Mary. Emma la trouvait très sympathique.

Mary dit à Emma qu'elle vivait seule dans sa ferme. Elle s'occupait de toutes sortes d'animaux malades ou blessés, que les gens lui amenaient ou qui arrivaient d'eux-mêmes.

Mary invita Emma à visiter son refuge. L'idée plut beaucoup à la fillette, qui courut aussitôt demander l'autorisation à ses parents.

La ferme de la Falaise n'était pas très éloignée. Sheltie, ravi de ne plus avoir mal, trotta gaiement sur le chemin du retour.

À peine arrivée, Emma raconta à ses parents la mésaventure de Sheltie. Quand elle leur parla de Mary et demanda la permission de visiter son hôpital pour les animaux, M. Matthews lui proposa de l'y accompagner dans l'après-midi.

Sitôt le déjeuner fini, Emma sella de nouveau Sheltie. M. Matthews prit les rênes, et ils partirent vers la ferme de Mary. Mme Matthews et Jim les regardèrent s'éloigner sur le chemin qui serpentait parmi les touffes de bruyère.

– Soyez de retour à cinq heures pour le goûter ! leur cria Mme Matthews.

En entendant le mot « goûter », Sheltie poussa un hennissement, et M. Matthews éclata de rire.

Bientôt, ils se trouvèrent en vue de la ferme de Mary. La vieille dame sortit de sa maison pour les accueillir.

– Bonjour ! lança joyeusement M. Matthews. Je suis le papa de la demoiselle que vous avez secourue ce matin !

Mary sourit chaleureusement :

– Bonjour, Monsieur ! Re-bonjour, Emma, re-bonjour, Sheltie.

Le poney s'ébroua, secouant sa longue crinière.

Sans plus attendre, Mary conduisit ses invités derrière la ferme, où se trouvait son refuge pour animaux. Elle leur présenta Harold, un bouc aux longs poils, qui avait une cicatrice sur le flanc, et Doris, une vieille ânesse dont personne ne voulait plus. La pauvre Doris avait perdu un œil. Harold et Doris vivaient dans un petit champ qui jouxtait la ferme. Un renard, qui avait été renversé par une voiture, était allongé dans une cage, sur une litière de paille.

– Il est encore un peu patraque, dit Mary. Mais il va vite se rétablir.

Il y avait aussi un blaireau qui s'était cassé une patte, plusieurs lapins, une famille de hérissons, deux goélands et un hibou.

Un superbe cygne sauvage blanc se trouvait au fond du refuge, dans un enclos en bois.

– Voici Blanca, dit Mary. Elle a heurté des fils électriques et s'est brisé une aile. La fracture est réduite à présent, mais Blanca doit encore attendre avant de pouvoir voler de nouveau. Je la mets dans mon caddie, et je la conduis tous les jours à la mare du Creux, dans la lande. Elle nage un peu, et je la ramène à la maison.

Blanca est très gentille. Dès qu'elle pourra se débrouiller seule, je la laisserai repartir.

Emma savait à présent à qui appartenaient les longues plumes qu'elle avait trouvées !

Mary ajouta que tous ces animaux retourneraient dans la nature quand ils seraient rétablis, à part Harold et Doris, qui faisaient maintenant partie de la famille.

– Ça te plairait de m'accompagner jusqu'à la mare pour voir nager Blanca ? demanda Mary à la petite fille.

– Oh oui ! s'exclama Emma. Tu veux bien, Papa ?

M. Matthews acquiesça. Lui aussi trouvait Mary adorable.

– Sheltie pourra venir avec moi ? demanda Emma.

– Bien sûr, répondit Mary.

Sheltie renversa la tête en arrière et

poussa un hennissement de satisfaction. M. Matthews et Emma n'étaient pas les seuls à aimer Mary !

7

Le lendemain matin, Mme Matthews remit à Emma deux tartelettes aux fruits qu'elle avait préparées pour Mary.
M. Matthews accompagna Emma et Sheltie jusqu'à la ferme de Mary, afin de s'assurer que la proposition de promenade jusqu'à la mare du Creux tenait toujours.
Ils trouvèrent Mary dans l'enclos derrière la maison. Elle nourrissait Harold et Doris avec des morceaux de carotte et des tranches de pomme.

Dès qu'il les vit, Harold s'approcha de la barrière, prit appui sur la première barre de bois et avança son museau pour flairer Sheltie. Doris, elle, poussa un long braiment. Elle semblait dire à sa manière : « Bonjour, Sheltie ! »

Emma sauta à terre et confia les rênes de Sheltie à son père. Avec un grand sourire, elle remit à Mary le sac en papier contenant les tartelettes.

– Oh, comme c'est gentil ! s'écria la vieille dame.

En apercevant le sac, Harold entama une drôle de danse derrière la barrière.

– J'en connais un qui aimerait bien les goûter ! commenta Mary avec un petit rire. Tu en auras un morceau plus tard, si tu es sage, gros gourmand.

Après avoir déposé les tartelettes dans sa cuisine, Mary alla chercher Blanca. Elle souleva doucement le cygne et le transporta jusqu'au caddie. L'oiseau se laissa

faire sans broncher. Emma pensa qu'il devait attendre avec impatience sa baignade matinale.

Mary poussa le caddie jusqu'au chemin qui partait vers la lande. M. Matthews regarda sa fille suivre la vieille dame en tenant Sheltie par la bride.

– On se retrouve à la maison ! lança-t-il tandis qu'Emma s'éloignait de la ferme.

La mare du Creux se trouvait près de l'endroit où Emma avait découvert le caddie dissimulé entre les buissons.

Mary prit le cygne dans ses bras et le porta à travers un talus couvert de bruyère. Le terrain s'affaissait de l'autre côté, formant une petite cuvette avec une mare en son centre. Elle était totalement dissimulée dans la lande ; celui qui ne connaissait pas ce point d'eau ne pouvait pas se douter de son existence.
Un bouquet de roseaux bordait la mare. Mary déposa doucement le cygne à terre, et il se dirigea aussitôt vers l'eau. Il agita les plumes de sa queue et nagea vers le centre de la mare. Emma et Mary le contemplèrent tandis qu'il glissait majestueusement sur l'eau calme. Il était si beau !
Sheltie broutait tranquillement l'herbe de la berge pendant que Mary et Emma suivaient les lentes évolutions du cygne.
Au bout de quelque temps, Mary sortit de sa poche des feuilles de laitue et les déposa à ses pieds. Blanca s'approcha

alors de la berge, mangea la laitue et remonta sur la terre ferme. Mary attendit qu'elle ait terminé pour la soulever et la porter jusqu'au caddie.

– Avant de rentrer, je vais te faire découvrir un secret, annonça-t-elle à Emma.

– Un secret ! répéta la petite fille en ouvrant de grands yeux.

Sheltie dressa les oreilles, lui aussi très intéressé.

Mary apprit à Emma qu'un couple de faucons pèlerins avait installé son nid à flanc de falaise.

– Ce sont des oiseaux très rares, dit Mary. Et figure-toi que la maman a pondu deux œufs ! Viens les voir.

8

Mary poussa le caddie jusqu'à la falaise. Sur place, Emma attacha Sheltie à un arbuste et suivit la vieille dame. Mary la prit par la main et elles s'approchèrent prudemment du précipice.
Elles regardèrent dans le vide. Un étroit sentier s'accrochait à la paroi ; plusieurs dizaines de mètres en contrebas, s'étendait la plage. Emma aperçut Alice Parker et Vif-Argent, qui longeaient la grève.
Emma prit brusquement conscience de la

distance qui la séparait du niveau de la mer et ses jambes se mirent à trembler. Vus de cette hauteur-là, Alice Parker et son poney n'étaient qu'une tache minuscule sur le sable.

Mary désigna un rocher en saillie, où se trouvait le nid des faucons. Les deux oiseaux y étaient blottis.

– Les œufs ne devraient pas tarder à éclore, dit Mary. Avant la fin de la semaine, nos faucons auront deux poussins tout duveteux.

– Oh, s'écria Emma, j'ai hâte de voir ça !

Emma observa les oiseaux pendant quelques instants avant de reporter son attention sur le sentier à flanc de falaise.
– On peut descendre à la plage par ici? demanda-t-elle.
– Ce chemin est terriblement dangereux. Ne l'emprunte jamais, Emma.
– D'accord, approuva la fillette en reculant légèrement.

Emma fut de retour à la ferme de la Falaise pour le déjeuner. M. Matthews avait préparé des roulés au jambon, que la famille alla manger dehors. Ils finirent leur repas par une délicieuse glace à la fraise.
Emma était tout excitée. Elle raconta à ses parents le bain de Blanca dans la mare, la grâce avec laquelle elle avait nagé. Puis elle leur parla des faucons pèlerins et de leur nid à flanc de rocher.
– Tu as eu beaucoup de chance de les

voir, commenta son père. Mais il ne faut surtout pas les déranger !

Emma lui sourit malicieusement.

– Je ne peux pas, dit-elle. La pente est beaucoup trop raide !

Emma se laissa aller dans sa chaise avec un soupir d'aise. Elle passait de merveilleuses vacances.

Cet après-midi-là, la famille laissa Sheltie gambader dans son paddock et partit en voiture visiter le petit port situé dans la baie voisine.

Des barques de pêcheurs aux couleurs vives se balançaient doucement sous la brise. Emma, Jim et leurs parents allèrent se promener sur la mince bande de sable près du port, où ils ramassèrent des coquillages. Emma trouva un morceau de bois flotté qui avait la forme d'un poisson. Mme Matthews lui promit de l'aider à le peindre. Emma voulait l'offrir à Mary en cadeau d'adieu.

La maman d'Emma lui dit qu'elle aurait bien aimé rencontrer la vieille dame. Elle voulait que Jim puisse voir Blanca et les autres animaux du refuge. M. Matthews, quant à lui, était très intéressé par le nid des faucons.

À leur retour à la ferme de la Falaise, Emma proposa à Sheltie une promenade à travers la lande. Elle comptait rendre visite à Mary et lui demander si sa famille pouvait passer la voir le lendemain.

Au bout d'une dizaine de minutes ils arrivèrent à la ferme-refuge. Mais la vieille dame n'était pas là.

Emma fit le tour de la maison. Harold et Doris paissaient dans leur champ. Le caddie était rangé contre le mur, et Blanca était dans son enclos. Mais aucune trace de Mary.

Pensant que la vieille dame était peut-être partie observer les faucons, Emma remonta en selle et gagna les abords de la falaise : Mary ne s'y trouvait pas non plus. Debout sur ses étriers, Emma scruta la lande environnante, essayant d'apercevoir la vieille dame.

Soudain, Sheltie redressa la tête et se mit à humer l'air. Puis il souffla à plusieurs reprises.

Emma mit pied à terre pour le laisser brouter tranquillement. Mais, cette fois, Sheltie semblait plus intéressé par le bord de la falaise. Il trotta en direction du

précipice et s'ébroua tout en martelant la roche avec ses sabots. « Pourquoi est-il aussi énervé ? » se demanda Emma.

Elle s'approcha prudemment et risqua un coup d'œil en contrebas. Ce qu'elle aperçut alors lui arracha un cri d'horreur : Alice Parker et Vif-Argent étaient coincés sur l'étroit sentier au-dessus du vide !

9

Emma comprit qu'Alice avait voulu monter la falaise à partir de la plage. Et voilà qu'elle était bloquée ! Son pauvre poney était terrifié et refusait d'avancer. Alice se trouvait devant Vif-Argent. Elle aussi était incapable de progresser et la panique se lisait sur son visage.
Ils avaient déjà gravi les trois quarts du chemin. Mais la pente était très abrupte, et ils ne pouvaient plus rebrousser chemin. Alice serrait les rênes de Vif-

Argent, le dos plaqué à la paroi. Quand elle leva les yeux, elle fut si soulagée d'apercevoir Emma qu'elle fondit en larmes.

– Au secours, Emma ! cria-t-elle entre deux sanglots. On est coincés ! Vif-Argent refuse de bouger. Il ne veut plus avancer, et je ne peux pas redescendre.

Alice tremblait de peur, et son visage était très pâle.

– Reste où tu es, lui recommanda Emma. Ne bouge surtout pas. Je vais chercher de l'aide !

Emma songea un instant à retourner à la ferme de Mary pour voir si elle était revenue. Puis elle choisit de galoper jusqu'à sa maison et de prévenir son père. Il saurait quoi faire.

Mais, tandis qu'Emma hésitait, Sheltie décida d'intervenir. Il avait repéré l'entrée du sentier, entre deux gros rochers, et il avait déjà entamé la descente.

– Sheltie, reviens ! s'alarma Emma.
Sheltie n'obéit pas. Il avait compris qu'Alice et Vif-Argent étaient en danger. Il progressait lentement sur l'étroite corniche.
La pente, très abrupte au début, se radoucit au bout de quelques mètres et le sentier s'élargit.
Emma s'élança à la suite de son poney. Elle avait très peur et descendait avec prudence, en s'accrochant aux pierres de la falaise.

– Fais attention ! cria Alice.

Vif-Argent poussa un hennissement effrayé.

Sheltie était un poney extrêmement courageux, et sa petite taille lui procurait une grande stabilité sur ce sentier escarpé. Emma avançait lentement en rasant la paroi. Elle s'efforçait de ne pas regarder le vide qui s'ouvrait à ses pieds. La brise marine lui plaquait les cheveux sur le visage et le bruit des vagues qui se brisaient sur la grève résonnait à ses oreilles comme une menace. Elle se mordit la lèvre.

– On arrive ! N'aie pas peur ! lança-t-elle à Alice en s'efforçant de lui dissimuler ses propres craintes.

Sheltie continuait d'avancer d'un pas assuré, résolu à venir en aide à Alice et Vif-Argent.

Soudain, Emma retint son souffle et se figea comme une statue : le passage devenait de plus en plus étroit, et Sheltie se trouvait à un endroit où tout un pan du sentier s'était éboulé.

Le poney enjamba le gouffre.

– Sheltie, attention ! s'écria Emma.

Le petit poney tourna la tête vers elle et poussa un hennissement qui semblait dire : « Tout va bien, Emma. »

10

Sheltie n'était plus qu'à quelques mètres d'Alice quand un appel retentit en haut. Il releva la tête : c'était Mary.

La vieille dame avait vu Emma et son poney, elle semblait très inquiète.

– Doucement, Emma, lança Mary. Ne fais pas de mouvements brusques et reste près de la paroi. Je viens te chercher.

Mary commença à descendre la partie abrupte du sentier. Emma revint sur ses

pas et saisit la main que la vieille dame lui tendait.
Elles regagnèrent le sommet de la falaise. Entre-temps, Sheltie avait rejoint Alice. Par chance, le petit poney put tourner sur lui-même.
Emma cria à Alice :
– Avance et attrape la queue de Sheltie !
Mais Alice était paralysée par la panique. Sheltie souffla et hocha plusieurs fois la tête, comme s'il l'encourageait à suivre le conseil d'Emma.
Mary s'adressa à son tour à la fillette d'une voix apaisante :

– Ne regarde pas en bas ! Serre bien la queue de Sheltie et guide ton poney.

Alice hésita quelques instants, puis, serrant les dents, elle fit ce que la vieille dame lui disait. Le cortège se mit lentement en marche.

La présence de Sheltie semblait donner du courage à Vif-Argent. Il avançait à petits pas, suivant sa cavalière.

Sheltie atteignit bientôt l'endroit où le sentier s'était éboulé. Emma, qui observait l'opération de sauvetage en retenant son souffle, l'encouragea à voix basse :

– Vas-y, mon grand ! Tu y es presque.

En réponse, Sheltie souffla et agita sa crinière. Il enjamba prudemment la faille au-dessus du vide, et Alice fit de même. Hélas, Vif-Argent refusa de les imiter. La panique le clouait sur place, et Alice dut lâcher la bride.

Mary descendit à la rencontre de Sheltie et enjoignit au poney de poursuivre sa route. La vieille dame saisit la bride de Sheltie et l'aida à gravir les derniers mètres qui le séparaient du sommet. Alice, qui tenait fermement sa queue, se retrouva en sécurité elle aussi. Elle fondit en larmes et se précipita dans les bras d'Emma.

– J'ai eu si peur ! sanglotait-elle.

Sheltie, quant à lui, ne comptait pas en rester là ! Il avait déjà rebroussé chemin vers l'endroit où Vif-Argent était bloqué. Le pauvre poney était terrorisé, et il tremblait de tous ses membres.

Sheltie s'arrêta au bord du vide et secoua sa longue crinière. Il semblait dire à Vif-Argent : « Allez, tu peux le faire ! »

Sheltie hocha plusieurs fois la tête et Vif-Argent parut se calmer un peu. Il osa enjamber le précipice et s'approcha du petit shetland, qui fit aussitôt demi-tour. Penchées au bord de la falaise, Mary, Emma et Alice retinrent leur souffle tandis que les deux poneys gravissaient le sentier.

Quand ils furent hors de danger, Sheltie pressa ses naseaux contre l'encolure de Vif-Argent.

Alice caressa son poney et lui parla doucement. Bientôt, l'animal cessa de trembler.

Emma s'était précipitée sur Sheltie et elle le serrait contre elle.

– Oh, Sheltie, comme tu as été brave ! s'exclama-t-elle.

Sheltie s'ébroua et frotta sa tête contre la joue de sa maîtresse.

– C'est le plus courageux des poneys ! dit Alice en souriant à travers ses larmes.

– C'est vrai, répondit Emma. Je ne sais pas ce qui serait arrivé si Sheltie n'avait pas été là.

– Je suis désolée, murmura Alice en essuyant ses yeux rouges. J'ai été horrible avec Sheltie et toi.

Elle baissa la tête et regarda ses chaussures, honteuse.

– Allez, c'est fini ! Il faut rentrer maintenant, suggéra Mary.

Les fillettes guidèrent leurs poneys jusqu'à sa ferme, et la vieille dame téléphona au domaine du Belvédère, où séjournait Alice.

Ses parents vinrent la chercher en voiture, avec un moniteur du centre équestre, qui se chargea de raccompagner Vif-Argent. Ils remercièrent chaleureusement Emma et promirent de lui envoyer un cadeau après les vacances.

Emma regagna la ferme de la Falaise avec Sheltie et s'empressa de raconter son aventure à ses parents.

– Alice a été bien imprudente, commenta Mme Matthews. On n'emmène pas un poney sur un sentier aussi dangereux !

Le père d'Emma sermonna un peu sa fille : elle n'aurait jamais dû tenter de secourir Alice seule. Mais il admit qu'elle n'avait pas eu le choix, Sheltie ayant pris l'initiative. Ils s'étaient montrés tous les deux extrêmement vaillants. Les parents d'Emma étaient fiers d'elle.

– C'est une chance que Sheltie nous ait accompagnés en vacances, n'est-ce pas ? conclut Emma.

11

Les derniers jours des vacances passèrent très vite. Emma ne revit plus Alice Parker. Elle et Sheltie disposaient de la longue étendue de sable doré pour eux seuls.

Chaque jour, ils se promenaient le long des vagues. Le poney semblait beaucoup apprécier l'air marin, et il adorait le contact du sable sous ses sabots. Emma le poussait au galop, le lançant en direction des mouettes posées sur la plage. Elle

s'amusait toujours de les voir s'envoler à leur arrivée avec des cris stridents.
Elle vivait des moments extraordinaires. Tous les jours, ils allaient rendre visite à Mary pour prendre des nouvelles des animaux.
Le renard renversé par une voiture allait mieux et tenait de nouveau sur ses pattes. Mary estimait qu'il pourrait repartir dans la nature d'ici quelques jours.
Le blaireau était lui aussi en voie de guérison. Quant à Blanca, elle s'amusait à déployer ses ailes et les agiter. Le beau cygne était encore incapable de voler, mais cela ne saurait tarder.
Emma et Sheltie accompagnaient Mary à la mare du Creux pour assister à la baignade quotidienne de Blanca.
– C'est dommage, je ne la verrai pas s'envoler ! soupira Emma. Vous croyez qu'elle se souviendra de nous ?
– Bien sûr, répondit Mary avec un

sourire bienveillant. Qui pourrait vous oublier, Sheltie et toi ?

Le poney souffla bruyamment, comme s'il approuvait Mary, et ses yeux malicieux brillèrent sous sa longue crinière.

Ils se rendirent ensuite tous les trois au bord de la falaise pour observer les faucons. Seule la maman se trouvait dans le nid. D'après Mary, les œufs étaient sur le point d'éclore.

Pour le dernier jour des vacances, les Matthews au grand complet rendirent une dernière visite à Mary. Après avoir dit au revoir à tous les animaux du refuge, ils allèrent voir les faucons.

Les deux poussins faucons étaient nés ! Blottis au fond du nid, ils tournaient leurs têtes duveteuses dans tous les sens, surveillés par leur maman.

M. Matthews avait emporté ses jumelles, ce qui permit à tout le monde, y compris au petit Jim, d'assister à tour de rôle aux

allées et venues du papa faucon qui apportait de la nourriture à sa famille.

– Ce sont les meilleures vacances de toute ma vie ! s'exclama Emma.

Avant de partir, la fillette remit à Mary le bois flotté en forme de poisson. Elle l'avait décoré en peignant avec sa mère des écailles de toutes les couleurs.

– Qu'il est beau ! Je le garderai précieusement ! dit la vieille dame avec une petite larme au coin de l'œil.

Mary enlaça Emma pendant un long moment. Pour ne pas être en reste, Sheltie s'approcha à son tour et frotta ses naseaux contre la joue de la vieille dame.

12

Le lendemain était le jour du départ. Emma aida sa mère à rassembler les affaires, et M. Matthews attacha solidement les valises sur la galerie de la voiture.

Bientôt, tout fut prêt. Sheltie était confortablement installé dans sa remorque. Comme Emma, il semblait triste de devoir quitter la ferme de ses vacances.

Mary était venue assister à leur départ.

Emma et Jim la saluèrent avec de grands gestes tandis que la voiture s'éloignait pour rejoindre la route principale.

– Je vous écrirai dès notre arrivée à La Pommeraie, lui cria Emma par la vitre ouverte.

Mary lui sourit et agita la main jusqu'à ce que le petit convoi disparaisse au bout du chemin.

À peine rentrée, Emma s'empressa de raconter à son amie Sally ses extraordinaires vacances. Sally était venue lui rendre visite avec Minnow. Sheltie aimait bien ce beau poney blanc. Quand il le revit, ses yeux pétillèrent de plaisir.

Emma et Sally allèrent faire une balade dans la campagne autour de La Pommeraie. Elles se rendirent à l'étang du Fer à Cheval. Assises au bord de l'eau, elles parlèrent de Mary, du cygne Blanca et de tous les animaux.

Le soir même, Emma écrivit à Mary, comme elle l'avait promis. Quelques jours plus tard, un courrier arriva pour la fillette. Mary avait joint à sa lettre un article découpé dans la presse locale.

Mme Matthews le lut à haute voix pour toute la famille :

« Alors qu'ils passaient leurs vacances à la baie du Grand Soleil, Emma Matthews et son brave poney Sheltie ont volé au secours d'Alice Parker et de son poney Vif-Argent, qui s'étaient trouvés bloqués sur le vieux sentier de la falaise. N'écoutant que son courage, Sheltie a descendu le chemin escarpé. Assisté d'Emma, il a aidé la fillette coincée au bord du précipice à remonter la pente. Emma Matthews et Sheltie vivent tous deux à La Pommeraie. »

– Te voilà devenue célèbre, Emma ! s'exclama M. Matthews.

– C'est Sheltie, le vrai héros, rectifia-t-elle en rougissant de plaisir.

Un autre paquet était aussi arrivé ce matin-là. Il avait été envoyé par M. et Mme Parker. Emma s'empressa de déchirer l'emballage. À l'intérieur, elle découvrit un superbe livre relié, consacré aux shetlands. La fillette lut la lettre d'Alice :

« Chère Emma,
J'espère que tu aimeras ce livre. C'est moi qui l'ai choisi. Je sais que tu aimes bien les shetlands. Il y a beaucoup de

Dear Emma,
I hope you like the book Mummy and Daddy have sent you. I chose it for you myself because I know you like Shetlands. There are lots of pictures and some of the ponies look just like Sheltie. I think Sheltie is the bravest pony in the world and I hope we can all become friends.
Thank you again for coming to my rescue in Summerland Bay. See you in school.
Love, Alice

belles photos de poneys, et certains ressemblent à Sheltie. Je tiens à te redire que Sheltie est le poney le plus courageux du monde, et j'espère que nous pourrons devenir amies.

Merci encore de m'avoir sauvée à la baie du Grand Soleil. On se reverra à la rentrée.

Bisous ! Alice. »

– C'est une bien gentille lettre, commenta Mme Matthews.

Debout près de la barrière de son paddock, Sheltie attendait son petit déjeuner avec impatience. Il agitait sa longue crinière et faisait de curieux bruits, comme toujours quand il avait faim. Ses yeux brillèrent quand il aperçut Emma à la fenêtre de la cuisine.

– Sheltie est le meilleur poney au monde, n'est-ce pas ? déclara Emma. On a passé des vacances merveilleuses et,

grâce à lui, j'ai trouvé une nouvelle amie. Et, finalement, Alice Parker n'est pas si nulle que ça !

FIN

EXTRAIT

Et voici une nouvelle aventure
d'Emma et de Sheltie
dans

Sheltie en danger

Plus tard dans la matinée, Sally arriva sur Minnow, et les deux fillettes partirent en direction du pré de M. Brown. Elles voulaient voir si l'étang du Fer à Cheval était complètement gelé.

Il l'était ! En arrivant sur place, elles virent M. Brown qui se tenait sur l'étang. Quand il les aperçut sur leurs poneys, il se mit à sauter sur la glace pour en éprouver la solidité.

– Je me doutais bien que vous voudriez patiner, lança-t-il. Vous pouvez y aller, c'est dur comme du caillou.

Voulant sauter une nouvelle fois, il glissa

et tomba lourdement sur les fesses.
Emma et Sally éclatèrent de rire ; M. Brown les imita.
– Je vais vous laisser ! dit-il enfin en se relevant. Vous êtes plus douées que moi pour ce genre d'exercice.
Emma et Sally sautèrent à terre, s'enfonçant jusqu'aux genoux dans la neige poudreuse. Elles laissèrent Sheltie et Minnow sous un platane, où un petit espace sous les branches était dépourvu de neige.
Emma avança prudemment sur la glace. La surface était très glissante et il était difficile de marcher. Sally prit son élan et fit une longue glissade.
– C'est génial ! s'exclama-t-elle. J'ai hâte d'aller chercher mes patins ! J'en ai une autre paire. Les chaussures sont trop petites pour moi. Tu vas les essayer.
Elle promit aussi à Emma de lui

apprendre à patiner, et les deux amies détachèrent leurs poneys et repartirent au trot vers le manoir de Fox Hall.

Quand elles revinrent à l'étang, sa surface scintillait au soleil comme un miroir poli. Emma et Sally s'assirent sous le platane et enfilèrent leurs patins sous le regard très intéressé de Sheltie.

Quand Sally s'avança maladroitement sur la glace et fit ses premières glissades, Sheltie dressa les oreilles et s'ébroua de surprise.

Emma, qui était très bonne en patins à roulettes, n'avait jamais pratiqué le patin à glace. Ses premiers pas furent donc hésitants. Elle trouvait décidément la surface bien glissante !

Sally la prit par la main et la guida autour du lac. Au bout d'un moment, Sheltie n'y tint plus : il trottina vers la berge et posa

un sabot sur la glace.

– Non, Sheltie ! cria Emma. Tu ne peux pas venir. Reste sur le bord et regarde.

Mais le poney n'avait aucune envie de rester là à la regarder. Il voulait s'amuser lui aussi.

Emma espérait que Sheltie allait lui obéir malgré son caractère têtu. Minnow, qui, lui, était d'une nature calme, l'aurait aussitôt imité, et Emma ne voulait surtout pas que les deux poneys dérapent sur la glace.

EXTRAIT

Découvre vite la suite de cette histoire dans

Sheltie en danger

N° 406 de la série

Sheltie®

Sheltie®

401. Sheltie, le poney shetland
402. Sheltie et le trésor caché
403. Sheltie et les fugitifs
404. Sheltie trouve un ami
405. Sheltie à la rescousse
406. Sheltie en danger

Imprimé en R.F.A. par Clausen & Bosse
Dépôt légal: mai 2001
N° d'Éditeur: 6765